André-Ernest-Modeste GRÉTRY

(1741-1813)

Danses de l'opéra « Richard Cœur de Lion »

Arrangement de Micheline Cumant

2018 Micheline Cumant
Edition : BoD – Books on Demand
12/14 rond-point des Champs Elysées, 75008 Paris
Imprimé par Books on Demand GmbH, Norderstedt, Allemagne
Dépôt légal : Mai 2018
ISBN : 9782322142729

André-Ernest-Modeste Grétry
(Liège 1741 – Montmorency 1813)

Fils d'un violoniste de Liège, Grétry est séduit par les opéras-bouffe italiens et décide de devenir compositeur. Après des études musicales de chant et de composition, il parfait sa formation à Rome entre 1761 et 1766. Ses opéras et opéras-comiques obtiennent un vif succès à Genève et à Paris. Il est apprécié de la reine, célèbre sous la Révolution, décoré par Napoléon. Avec Gossec, Méhul, Lesueur et Cherubini, il fait partie des fondateurs de l'institution qui deviendra le Conservatoire de Musique de Paris.

Les airs de ses opéras seront aussi bien en vogue chez les royalistes (Air *« Ô Richard, Ô mon Roi »*) que chez les Révolutionnaires ou sous Napoléon (Un air de *La Caravane du Caire* deviendra un chant militaire célèbre dans la Grande Armée).

L'opéra *Richard Cœur de Lion,* composé par Grétry sur un livret de Michel Sedaine, fut créé en 1784 à Paris. Le sujet est la captivité du Roi Richard, fait prisonnier des autrichiens et délivré par le troubadour Blondel. Les danses présentées ici font partie de l'Acte 3. L'instrumentation est notée : « flûtes et hautbois, violons, violas, basson, basse ». Nous avons séparé les parties.

N.B. : Pour des raisons de technique d'impression, les parties d'instruments séparées se trouvent à la fin de l'ouvrage, à découper en suivant le pointillé.

Danses de l'opéra "Richard Coeur de Lion"

Ernest-Modeste Grétry
Arrangement de Micheline Cumant

15

Flûte

Danses de l'opéra "Richard Coeur de Lion"

Ernest-Modeste Grétry
Arrangement de Micheline Cumant

Danses de Richard Coeur de Lion

Flûte

Hautbois

Danses de l'opéra "Richard Coeur de Lion"

Ernest-Modeste Grétry
Arrangement de Micheline Cumant

1-Allegro moderato

Danses de Richard Coeur de Lion

Hautbois

Clarinette en si bémol

Danses de l'opéra "Richard Coeur de Lion"

Ernest-Modeste Grétry
Arrangement de Micheline Cumant

1-Allegro moderato

Basson

Danses de l'opéra "Richard Coeur de Lion"

Ernest-Modeste Grétry
Arrangement de Micheline Cumant

1-Allegro moderato

Violon 1

Danses de l'opéra "Richard Coeur de Lion"

Ernest-Modeste Grétry
Arrangement de Micheline Cumant

1-Allegro moderato

Danses de Richard Coeur de Lion
Violon 1

Violon 2

Danses de l'opéra "Richard Coeur de Lion"

Ernest-Modeste Grétry
Arrangement de Micheline Cumant

Alto

Danses de l'opéra "Richard Coeur de Lion"

Ernest-Modeste Grétry
Arrangement de Micheline Cumant

1-Allegro moderato

Danses de Richard Coeur de Lion

Alto

Danses de Richard Coeur de Lion

Violoncelle

Autres pièces et recueils composées ou éditées et arrangées par Micheline Cumant :

Ouvrages publiés aux Éditions Books On Demand :

► « Premier Cahier du Jeune Violoncelliste » de Micheline Cumant. Méthode pour violoncelle, niveau débutant. Avec morceaux en première position sans extensions.

► « Second Cahier du Jeune violoncelliste » de Micheline Cumant. Méthode pour violoncelle, niveau débutant deuxième niveau. Avec morceaux en première position avec extensions.

► « Le violoncelle au XVIIIe siècle » : recueils d'exercices en première position, contenant la méthode de violoncelle de Michel Corrette et diverses pièces pédagogiques d'auteurs de l'époque. Permet de se familiariser avec le style de la « Basse continue », et d'apprendre à exécuter les ornements à la manière de l'époque.

► « Le violon au XVIIIe siècle » : méthode de violon de Michel Corrette et pièces pédagogiques de divers auteurs : Prelleur, Pearson, Crome, Albinoni, Leopold Mozart.

► Pièces pour deux violoncelles d'auteurs anglais du XVIIIe siècle.

► « Style Louis XIV » : 23 pièces pour « dessus et basse » : violon ou flûte, et violoncelle ou basson.

► « Styles Louis XV » : 8 pièces en trio pour deux violons (ou flûtes) et violoncelle (ou basson) d'auteurs anonymes français du début du XVIIIe siècle.

► « Musicien et professeur de musique au XVIIIe siècle » : étude sur les ouvrages pédagogiques pour instruments à archet. Les principes d'apprentissage, les conseils, l'ornementation.

► « Musique russe pour 4 violoncelles » : 14 pièces de musique russe, comprenant des chants populaires et des pièces d'auteurs connus, transcrites pour 4 violoncelles, de niveau facile. Score et parties séparées.

► « Petites Pièces pour deux flûtes » de Michel Corrette, Jean-François Dandrieu, Jean-Philippe Rameau : collection de pièces composées dans un but pédagogique par différents auteurs.

► Atys (1715-1784) : Suite de Menuets en Symphonies à 7 parties, pour flûte, hautbois et cordes

► Jean-Chrétien Bach (1735-1782) : Trio pour 2 violons et violoncelle. Score et parties séparées.

► Jean-Sébastien Bach (1685-1750) : Pièces pour deux violoncelles, transcrites d'après différentes pièces pour clavier.

► Joseph Bodin de Boismortier (1689-1755) : Concerto pour violoncelle et cordes, vingt-sixième œuvre. Score et parties séparées.

► Michel Corrette (1707-1795) : Sonate pour deux violoncelles en ut Majeur. Score et parties séparées.

► Michel Corrette : Deux Sonates pour violon et clavier.

► Michel Corrette : Carillon des Morts (Paris, 1764), pour deux violons, alto et violoncelle. Score et parties séparées.

► Michel Corrette-Messe en si bémol pour 2 voix de femmes et orchestre à cordes. Score et parties séparées.

► Marc-Antoine Marquis de Dampierre (1676-1756) : « Fanfares de Monsieur de Dampierre », pièces écrites à l'origine pour les cors de chasse et adaptées pour deux violons ou deux flûtes.

► François-Joseph Gossec (1734-1829) : Suite de Noëls pour orchestre, d'après les Noëls de Louis-Claude Daquin. Score et parties séparées.

► Jean-Pierre Guignon : Concerto en ut Majeur pour violon et cordes. Score et parties séparées.

► Wolfgang Amadeus Mozart : Deux petites Sonates en duo pour violon et violoncelle K46 d-e. (Vienne, 1768)

► Carlo Tessarini : Quatre petites Suites à deux violons (vers 1760).

Disponibles aux éditions Books On Demand : www.bod.fr, voir « librairie » et sur les diverses plate-forme de vente sur internet : Amazon, Fnac, Decitre, Gibert, Sauramps, placedeslibraires.fr, chasse-aux-livres.fr, chapitre.com, etc…
Si vous commandez chez votre libraire : les éditions BoD sont distribuées par SODIS.

Ouvrages publiés chez Amazon Create Space :

▶ Cello Method for beginners – Volume 1.
L'équivalent du "Cahier du Jeune Violoncelliste", version en langue anglaise.
▶ Cello Method for beginners – Volume 2.
L'équivalent du "Cahier du Jeune Violoncelliste", version en langue anglaise.

▶ Chants de Noël pour piano.
▶ Chants de Noël pour violon et piano.
▶ Chants de Noël pour alto et piano.
▶ Chants de Noël pour violoncelle et piano.
▶ Chants de Noël pour voix et piano.
▶ Chants de Noël pour flûte ou hautbois et piano.
▶ Chants de Noël pour trois flûtes à bec et piano.

▶ Anton Rubinstein : Mélodie et Ballade pour alto et piano.
▶ Anton Rubinstein : Mélodie et Ballade pour clarinette en si bémol et piano.

▶ Florilège pour piano – Collection de pièces pour clavier de musique française du 18ème siècle.
▶ Florilège pour piano – La famille Bach. *Collection de pièces pour clavier de J.S.Bach et ses fils, de niveau facile à moyen.*
▶ Florilège pour piano – De Bach à Schubert. *Transcriptions pour piano d'œuvres célèbres pour orchestre, de niveau facile à moyen.*
▶ Florilège pour piano – 19ème siècle. *Transcriptions pour piano d'œuvres célèbres pour orchestre, de niveau facile à moyen.*

▶ La Musique Classique – Petit Guide des Compositeurs.
▶ Classical Music – Small Guide of the Great Composers.
L'équivalent du "Petit Guide" en langue anglaise.

▶ La Musique du Rite Syriaque – Histoire de l'Église Syriaque et de sa Musique- Analyse Musicale.
La tradition musicale du chant de l'église syriaque remonte aux origines du christianisme, et est encore vivante aujourd'hui dans l'Orient Chrétien. Mais les événements des dernières décades ont fait qu'elle risque de disparaître ou de s'uniformiser.

▶ Les Pavanes à trois et à quatre de Purcell – Les problèmes de l'interprétation de la musique baroque.

Ces ouvrages sont disponibles en livre papier et en e-book pour liseuse « Kindle ».

Vous pouvez consulter le site de Micheline Cumant : utmineur.jimdo.com, où se trouvent également des partitions à télécharger gratuitement, et son blog : michelinecumant.blogspot.fr. Des arrangements et des œuvres originales de l'auteur sont à télécharger et à écouter en version mp3 sur sa page du site www.free-scores.fr.